Bibliografische Information der Deutschen Nationalbibliothek:

Die Deutsche Bibliothek verzeichnet diese Publikation in der Deutschen National-
bibliografie; detaillierte bibliografische Daten sind im Internet über http://dnb.d-
nb.de/ abrufbar.

Impressum:

Copyright © 2016 GRIN Verlag, Open Publishing GmbH
Druck und Bindung: Books on Demand GmbH, Norderstedt Germany
ISBN: 978-3-668-16828-2

Dieses Buch bei GRIN:

http://www.grin.com/de/e-book/317645/operatoren-fachbegriffe-und-vorgehens-
weisen-fuer-diverse-analysen-im-fach

Mike G.

Operatoren, Fachbegriffe und Vorgehensweisen für diverse Analysen im Fach Geschichte. Abiturvorbereitungen für den Leistungskurs

GRIN Verlag

GRIN - Your knowledge has value

Der GRIN Verlag publiziert seit 1998 wissenschaftliche Arbeiten von Studenten, Hochschullehrern und anderen Akademikern als eBook und gedrucktes Buch. Die Verlagswebsite www.grin.com ist die ideale Plattform zur Veröffentlichung von Hausarbeiten, Abschlussarbeiten, wissenschaftlichen Aufsätzen, Dissertationen und Fachbüchern.

Besuchen Sie uns im Internet:

http://www.grin.com/

http://www.facebook.com/grincom

http://www.twitter.com/grin_com

Abiturvorbereitungen Geschichte

Vorwort

Im Folgenden finden sich detaillierte Angaben und Ausführungen über diverse Operatoren (Aufgabenstellungen) und Anleitungen für die Analyse von Quellen allgemein, spezieller: Fotos, normative Texte, Bilder, Wahlplakate, Karikaturen, Reden und Postkarten sowie eine Anleitung für Vergleiche politischer / historischer Konflikte oder Reden, sowie für ideologiekritische Analysen. Diese Anleitungen sind in Form von Merk- / Übersichtsblättern verfasst worden, sodass diese ausgedruckt und auswendig gelernt werden können / sollen. Solche Informationen wie sie in dieser Arbeit vorzufinden sind, sind äußerst wichtig für die gesamte Oberstufe, das Abitur und sind essentielle Voraussetzungen für ein Studium, nicht nur im Bereich Geschichte.

Inhaltsangabe / Überblick:

Operator	Literarische Bedeutung	Verständliche Bedeutung
Stelle Dar!	Bezüge zur Quelle herstellen, Hintergründe erläutern und ein Sachurteil fällen.	
Erkläre!	*Zusammenhänge, Sachverhalte, Entwicklungen auf der Grundlage von Wissen und bekannten erworbenen Einsichten in größere historische Gesamtzusammenhänge einordnen, um sie in ihren Merkmalen und Besonderheiten zu begründen und verständlich werden zu lassen.*	Aufschreiben, was vor diesem Thema Relevantes passiert ist. Eigenes Wissen und Texte in Arbeit nutzen. Bedeutung des Themas im Gesamtzusammenhang (z.B. Bedeutung in Bismarck Politik, im Kalten Krieg) darlegen und Auffälliges erwähnen (Zäsur, Ideologie etc.)
Untersuche!	*Historische Sachverhalte kriterienorientiert bzw. aspektgeleitet (z.B. unter vorgegebenen Kriterien und inhaltlichen Aspekten) erschließen.*	Eine Liste von Kriterien machen (wenn keine in Aufgabenstellung erwähnt wurden) und danach die Quelle chronologisch absuchen.
Beurteile!	*Historische Sachverhalte, Aussagen, Thesen oder Einschätzungen in historische Zusammenhänge stellen, um zu einem begründeten historischen Sachurteil zu gelangen. Das heißt, ohne einen persönlichen Wertebezug den Stellenwert, die Bedeutsamkeit historischer Sachverhalte oder Thesen und Aussagen im historischen Kontext auf ihre Stimmigkeit, Richtigkeit bzw. Tragfähigkeit überprüfen. Dabei sind die Maßstäbe der jeweiligen Epoche anzulegen, nicht die von heute.*	Historische Begebenheiten auf welche die Quelle Bezug nimmt herausarbeiten und darlegen wie wichtig diese sind. Dabei nicht auf eigene Meinung eingehen. **ODER** Thesen und Aussagen des Redners herausarbeiten und erklären warum diese der Wahrheit entsprechen bzw. entgegenstehen. _Immer_ den damaligen Wertemaßstab anlegen, nicht den eigenen oder heutigen.
Bewerte!	*Unter Zugrundelegung eigener gegenwärtiger Normen und Wertevorstellungen, die als Beurteilungsmaßstäbe offenzulegen sind, zu begründeten Aussagen und Urteilen über Sachverhalte, Thesen und Behauptungen gelangen.*	Mit heutigen Wertevorstellungen eine Quelle bearbeiten. Aussagen des Redners oder Darstellungsweisen der Quelle soll zugestimmt, abgelehnt oder sollen kritisiert werden. Mit vielen Argumenten untermauert sollte man chronologisch vorgehen.
Nimm Stellung!	*Zu Sachverhalten, Behauptungen, Einschätzungen oder Thesen eine begründete, eigene und bewertende Meinung äußern.*	Zu den Themen und Thesen der Quelle eigene Meinung aufschreiben. Chronologisch vorgehen. „ICH" und ichbezogene Personalpronomen sind erlaubt und gewünscht.
Erörtere!	*Ein historisches Phänomen, eine These oder Problemstellung abwägend – d.h. durch eine sinnvoll vernetzte Kette von Für- und Wider-Argumenten, deren Berücksichtigung und Aufnehmen verschiedener möglicher Standpunkte – auf Stichhaltigkeit und Aussagewert hin prüfen und auf dieser Grundlage eine eigene Stellungnahme dazu entwickeln.*	Aussagen oder Darstellungsweisen der Quelle mit Pro und Contra Argumenten be- bzw. widerlegen. Sanduhrprinzip (Zuerst alles Contra eigene Meinung, dann alles Pro eigene Meinung) anwenden, viele mögliche Perspektiven berücksichtigen und Frage/Problem der Aufgabenstellung angehen.
Überprüfe!	*Urteile, Hypothesen, Positionen an historischen Sachverhalten auf ihre Plausibilität und sachliche Angemessenheit hin untersuchen.*	Beweisen, warum Gesagtes oder Dargestelltes nicht stimmt, verzerrt dargestellt oder stimmig ist.
Vergleiche!	*Auf der Grundlage von Kriterien historische Sachverhalte und Fragestellungen problembezogen gegenüberstellen, um prinzipielle Unterschiede, Gegensätze oder auch Übereinstimmungen und Ähnlichkeiten aufzuzeigen und zu beurteilen.*	Frage/Problem der Aufgabenstellung an beide (oder mehrere) Quellen anwenden. An erster Quelle chronologisch Unterschiede oder Übereinstimmungen mit anderer Quelle(n) darlegen.

Operator	Tafelbild	Erläuterung
Fasse zusammen!	- *Vollständige Einleitung inklusive Thema.* - *Strukturierte Wiedergabe des Inhalts mit Zeilenangaben dahinter.* - *Tempus: Präsens, Perfekt, Konjunktiv.* - *Eigene Worte, Zitate angebracht, aber nicht zu oft.*	Einleitungssatz, chronologische Wiedergabe des Textes mit eigenen Worten, darum kaum Zitate. Mit Zeilenangaben kenntlich machen, wo man im Text etwas zusammenfasst.
Analysiere!	- *Vollständige Einleitung inklusive Thema und Adressatenkreis.* - *strukturierte chronologische Untersuchung (Wortwahl, Argumentationsstruktur, Wirkung und Intention).* - *Belege in Form von Zitaten und Verweisen.*	Einleitungssatz, chronologisch vorgehen. Rhetorische Mittel, Redestrategien (Polarisierung) und Absicht hinter Wortwahl ausführlich aufschreiben. Mit Zitaten arbeiten!
Ordne in den historischen Kontext ein!	- *Zeitrahmen beachten.* - *Quellenbezüge einbinden.*	Dem geht eine Analyse voraus! Erst aktuelles Jahr benennen und Hintergründe für das Halten der Rede / Verfassen der Quelle nennen, dann Parallelen zu früher ziehen und Ausblick auf später geben.
Stelle dar!	- *Kontextwissen und Quellenkenntnisse zur Beurteilung eines Sachverhaltes nutzen (alle AFB).*	Bezieht sich auf ein Problem, das meist in vorigen Quellen erwähnt / angeschnitten / enthalten ist. Problem ausführen, mit Quelle belegen und abwägen WER es WANN WIE gesehen / wahrgenommen hat und WARUM!
Vergleiche!	- *Analyse → Vergleichspunkte herausstellen.* - *Gegenüberstellung (Gemeinsamkeiten, Unterschiede und Gründe prüfen).* => *Quellenbeurteilung.*	Aufgreifen einer anderen Analyse oder kurze Zusammenfassung der wichtigsten Punkte, welche gegenübergestellt werden. Wichtigkeit beachten; erklären, warum diese Punkte unterschiedlich sind.
Prüfe!	- *Kontextwissen nutzen.* - *These oder Quelle vor dem Hintergrund im Hinblick auf Stimmigkeit o.ä. prüfen.*	Quelle untersuchen und Argumente / Thesen heraus-stellen und auf Richtigkeit untersuchen. Gründe für Falschheit klar benennen.
Beurteile!		Quelle mit Hintergrundwissen untersuchen, Argumente / Thesen herausstellen und im Vergleich zu der Zeit ablehnen oder annehmen.

Fachbegriffsglossar

Absolutismus	Monarch besitzt uneingeschränkte exekutive, legislative und judikative Macht. Herrschaftsanspruch durch Gottesgnadentum legitimiert und mit stehendem Heer sowie einer zentralistischen Verwaltung aufrechterhalten. Entstand im 16./17. Jahrhundert in Frankreich /Spanien. **Aufgeklärter Absolutismus:** Herrscher ist erster Diener des Staates.
„Acht-Stunden-Ideologie"	In Schule und Betrieb wurde gesagt, was gehört werden wollte, zu Hause findet wahres Leben statt.
Agrarrevolution	Übergang von traditioneller zur industriellen Landwirtschaft. Massenproduktion, Maschinen, Kunstdünger etc. eingesetzt, Ende der **Subsistenzwirtschaft** (nur für eigenen Bedarf). Durch erhöhte Mobilität, Aufhebung der Feudallasten, der Einschränkungen des Eigentums und der Produktionsweisen.
Ancien Régime	Bezeichnung für das politische System und feudale Gesellschaftsordnung in Frankreich vor der Revolution von 1789.
Angestellte	**„Neuer Mittelstand".** Höhere Ausbildung als Arbeiter; nicht manuell tätig; leiten, planen, vorbereiten, registrieren, verwalten. Bekommen keinen Lohn, aber Gehalt. Wollen sich im Lebensstil von Arbeitern abgrenzen; kein Klassenbewusstsein.
„Anti-Hitler – Koalition"	Zweckbündnis USA und UdSSR, die gegenseitige Differenzen für höheres Ziel (Sturz Hitlers) aufgaben.
Antisemitismus	Allgemeiner Begriff für Judenfeindlichkeit. Im 19. Jahrhundert intensiviert. Wegen Sozialdarwinismus seien Juden minderwertige Rasse, unproduktiv und nehmen Völker aus. Juden wurden mit Industrialisierung, Kapitalismus oder Kommunismus identifiziert.
Appeasement-politik	Außenpolitik der Engländer gegen Hitler. Wollten durch Zugeständnisse von expansiver Aggression abhalten. Scheiterte mit dem Einmarsch in die Tschechoslowakei.
Arbeiter	Manuelle Tätigkeiten, Klassenbewusstsein entwickelt sich, Soziale Frage wurde langsam und schleppend angegangen.
Atomares Patt	Unmöglichkeit beider Supermächte im Kalten Krieg die andere militärisch zu besiegen ohne selbst dabei vernichtet zu werden.
Aufklärung	Ende des 117. Jhdt aus Frankreich und England kommende Denkrichtung, die alles mit natürlicher Vernunft hinterfragt. Gleichheitsideal der Menschen. Befreiung des vernünftigen Menschen vor Bevormundung.
Außenpolitische Opposition	Während den Notstandsgesetzen entstand parteilose Bewegung im Volk, die Regierung anprangerte. Studentenbewegung forderte auch Demokratisierung der Universitäten, prangerte undemokratische Gesellschaftsordnungen an und erprobte neue Protestformen.
Blockfreiheit	Zusammenschluss einiger asiatischer und afrikanischer Staaten, die nicht von Supermächten beeinflusst / „ausgebeutet" werden wollten.
Bolschewiki	In Russland verfolgte „sozialdemokratische Arbeiterpartei Russlands" spaltete sich 1903 in Bolschewiki („Mehrheitler") unter Lenin und Menschewiki („Minderheitler").

Blockparteien	Parteien in der DDR. Formal frei, integrierten aber nur Bevölkerungsgruppen in sozialistisches System.
Bourgeoisie	Aus der Zeit der französischen Revolution stammender Begriff für Besitzbürgertum. Marx erweitert Begriff auf alle Produktionsmittelbesitzer.
„Bruderstaaten"	Sowjetische Bezeichnung nach 2. Weltkrieg für sozialistischen Staaten in deren aktivem Einflussgebiet. Befanden sich in starker Abhängigkeit zur UdSSR und wurden später im Warschauer Pakt zusammengefasst.
Burgfrieden	Innerer Frieden, Übereinkunft verschiedener Parteien um nach außen besser gerüstet zu erscheinen.
Chauvinismus	Glaube an die Überlegenheit der eigenen Gruppe.
Containment	Politik der USA zu Beginn des Kalten Krieges. Ausdehnung des sowjetischen Einflussbereiches soll verhindert werden.
Dekolonisation	Auflösung kolonialer Herrschaft nach dem Zweiten Weltkrieg.
Deutsche Frage	Ausarbeitung eines Friedensvertrages nach dem Zweiten Weltkrieg, der über territoriale und staatliche Zukunft Deutschlands entscheidet.
Diktatfrieden	Friedensbedingungen und Folgen werden Kriegsgegner aufgezwungen ohne, dass dieser Möglichkeit zur Einflussnahme besitzt. Bestimmungen müssen zwar akzeptiert werden, doch als ungerecht befunden abgelehnt => Propagandabegriff.
Dolchstoßlegende	Demokraten und Sozialisten wurde Schuld an verlorenem Ersten Weltkrieg gegeben, Politische Kampfparole in Weimarer Republik.
Emanzipation	Rechtliche und faktische Befreiung von Zwang und Unterdrückung.
Entente	Bezeichnung für eine diplomatische Verständigung zwischen Staaten.
Euthanasie	Systematische Ausschaltung aller „Erbkranken" (= Behinderten) im nationalsozialistischen Deutschland.
Faschismus	Ab 1920 Sammelbezeichnung für alle politischen Bewegungen, die gegen den Kommunismus und liberale Demokratie sind, das Führerprinzip vertreten, Militärische Prinzipien und Umgangsformen auf das zivile Leben übertragen sowie das nationale Selbstwertgefühl überhöhen.
Friedensvertrag	Neutraler Begriff; Betonung liegt auf Vertrag (Verbindlichkeit aller Vertragspartner); Offizielle Beendigung des Krieges; Konsequenzen darin festgehalten.
Friedliche Koexistenz	Aus UdSSR stammende Idee für das friedliche Nebeneinanderleben beider Supermächte im Kalten Krieg. Lediglich Verzicht auf kriegerische Mittel, Konkurrenz soll weiterhin bestehen bleiben.
Heimatfront	Einbeziehung der Zivilbevölkerung im Krieg durch Arbeit in Rüstungsindustrie, Sammelaktionen o.ä.
Herrschaft, informell	Freier Zugang zum Handel und Selbstverwaltung der Kolonien. Lediglich Einflussnahme / Ausbeutung, keine „Zivilisierung".
Herrschaft, formal	Militärische Besetzung, Ausübung der politischen und verfassungsmäßigen Kontrolle
Imperium in Imperio	Rechte der ersten beiden Stände im absolutistischen Frankreich bilden laut Sieyes eigenes Volk in französischer Nation.

Internationalistischer Nationalismus	Solidarität und Sympathie zu anderen Nationalstaaten, Gemeinsame Abgrenzung aller Nationalisten gegen Adelige, Fürsten und Monarchen.
Konstitutionelle Monarchie	Staatsform an welcher der Monarch an eine Verfassung gebunden ist.
Krieg, totaler	Jeder Mensch muss mithelfen, soweit er kann (Kämpfen, Waffen herstellen, stricken etc.).
Kontinentalimperialismus	Vor Allem von Russland betrieben. Territoriale Expansion auf dem Kontinent, nicht in Übersee, Gebiete nicht informell verwaltet, sondern direkt an Mutterland angegliedert.
Lebensraumtheorie	Teil der NS – Ideologie, Stärke und Entwicklungsmöglichkeiten des Volkes hängt nur vom Größe des Lebensraums ab.
Liberalismus	Politische Bewegung des Bürgertums Ende des 18. Jahrhunderts. Auf Grundlage der Aufklärung, u.a. Nationalstaat gefordert.
Materialkrieg / -schlacht	Feind durch Fernbeschuss töten ohne eigene Männer zu gefährden.
Maßnahmenstaat	Staatliche Maßnahmen nicht an Gesetze gebunden, erfolgt willkürlich und wird mit „höheren" Zielen gerechtfertigt.
Menschenrechte	Unveräußerliche Recht, die einem nicht vom Staat verliehen werden, sondern einem Menschen wegen dem Menschsein inne wohnen.
Merkantilismus	Wirtschaftspolitik des Staates im Absolutismus. Export erhöhen, Import verringern um Goldvorräte des Staates und damit Macht zu erhöhen.
Nischengesellschaft	Volk der DDR hat sich nach Mauerbau mit Situation abgefunden. In Wahlen wurde SED – Regime bestätigt, damit Volk in Ruhe gelassen wird. Im privaten Leben (der Nische) konnte man eigene Meinung preisgeben.
Normenstaat	Staatliches und privates Handeln ist an Normen (Gesetze) gebunden.
Obstruktionspolitik	Verhalten, welches zu politischen Verzögerungen führt. Französische Verfassung 1791 gab König suspensives Vetorecht.
Ost-WestWanderung	Ehemalige Bauern zogen aus Ostpreußen nach Berlin, Sachsen oder ins Ruhrgebiet, wegen Rationalisierung.
Parlamentarisierung	Erweiterung der Rechte des Parlaments. Parlamentarisierung des Kaiserreichen 1918 → Weimarer Republik.
Pauperismus	Vorindustrielle Massenarmut.
Persilscheine	Massenhaft (falsche, gekaufte) Zeugenaussagen über Aktivitäten im Nationalsozialismus um sich selbst vor Bestrafung zu retten.
Präsidialkabinette	Regierungen, die ohne Unterstützung des Parlamentes regieren. Ab 1930 wurde in Deutschland der Reichstag handlungsunfähig und der Reichspräsident übte gesamte Macht unbeschränkt aus.
Protektionistische Zollpolitik	Schutzzölle auf ausländische Waren, damit Konkurrenzsituation des Weltmarktes nicht heimische Wirtschaft verdrängt.
Reeducation	Umerziehung der deutschen Nazis. Schul-, Kultur-, Presse- und Rundfunkreformen dafür genutzt, stießen aber auf breite Ablehnung.

„Rekonstruktions-effekt"	Kompetenzen im Volk vorhanden, aber keine passende Industrie. Arbeitsbeschaffungsmaßnahmen beschäftigen Arbeiter, Intellektuelle können sofort arbeiten ohne zuerst angelernt werden zu müssen.
Reparation	Zahlungen von Geldsummen (Erster Weltkrieg) oder Sachwerten (Zweiter Weltkrieg) an die Sieger der Kriege (vor allem von Deutschland).
Roll-Back	Amerikanische Politik, die auf Zurückdrängung des sowjetischen Einflusses aus ist.
Polykratie	Nebeneinanderbestehen von konkurrierenden Herrschaftsinstitutionen mit gleichen oder ähnlichen Kompetenzen. [1]
Proletariat	Arbeiter, die nur ihre Arbeitskraft verkaufen können.
Republik	(Teil des) Volk(es) besitzt politische Macht, zeitliche Beschränkung der gewählten Ämter.
Restauration	Zeit zwischen Wiener Kongress und Märzrevolution (1815 – 1848). Wiederherstellung der vorrevolutionären Zustände mit Verboten und Repression.
Revolution	Tiefgreifender Umbau der gesamten politischen und sozialen Struktur eines Staates. Bewusster Wille zur Veränderung und eine Aktivgruppe sind typisch. Schnelle Abfolge von Ereignissen, Gewaltanwendung, Rechtsverletzungen.
Sattelzeit	Jahrzehnte um 1800, wo sich Wahrnehmung der Europäer grundsätzlich zur Moderne hin änderte.
Saturiert sein	Gesättigt sein, d.b. keine territoriale Expansion planend.
Schmachfrieden	Friedensvertrag wird von Verlierern als Schande bewertet; Ablehnung der Ergebnisse des Vertrages; Propagandabegriff im Nationalsozialismus und der Weimarer Republik.
„Schutzmacht"	Sowjetische Bezeichnung nach dem Zweiten Weltkrieg sich betreffend gegenüber den abhängigen sozialistischen Staaten,
„Sicherheitsgürtel"	Sowjetische Bezeichnung nach dem Zweiten Weltkrieg für Band an abhängigen Staaten in Osteuropa um das Mutterland zu schützen.
Siegfrieden	Ziel / Ausgang des Krieges soll von eigenem Land entschieden werden.
Souveränität	Der Souverän ist nur Gott und den von Menschen anerkannten Rechtsgrundsätzen unterstellt.
„Sowjetisierung"	Bezeichnet Umwandlung aller Staaten im sowjetischen Machtbereich in „Volksdemokratien" nach dem Zweiten Weltkrieg.
Sozialdarwinismus	Herrschaft der stärkeren Rasse in der Gesellschaft. Diese darf die schwächeren Rassen unterdrücken.
Soziale Frage	Wirtschaftliche und soziale Fragen des Übergangs von der Agrargesellschaft zur Industriegesellschaft.
Soziale Marktwirtschaft	Freie Marktwirtschaft wird vom Staat vor sozialer Benachteiligung (z.B. Monopole, Niedrige Löhne, Kartelle) bereinigt.
Sozial-imperialismus	Verlagerung der inländischen Probleme (Soziale Frage) in die Kolonien.

---

1   https://de.wikipedia.org/wiki/Polykratie

Status quo	Momentaner Status (Territoriale Ordnung; innenpolitisches, gesellschaftliches System) zu erhalten und nicht zu verändern gewünscht.
Stunde Null	Nach der Niederlage im Zweiten Weltkrieg verblich von einem Tag auf den anderen die NS – Ideologie und musste neuen Werten weichen. Die Vergangenheit wurde in einem neuen Licht gesehen und die Zukunft war von hohen Verlusten und Schäden gekennzeichnet. **Problematisch** da Niederlage keinen Bruch in deutscher Geschichte bildete, sondern in Nachkriegszeit Erfahrungen von Weimar u.a. aufgegriffen worden.
Subsistenz-wirtschaft	Selbstversorgung z.B. im Bauernhof.
Synergieeffekte	Durch die Intensivierung eines Industriezweiges profitiert ein anderer (oder mehrere) ebenfalls, z.b. boomt die Stahlproduktion, boomt auch die Kohle- und Eisenerzförderung wegen erhöhter Nachfrage
Timokratie	Herrschaft der Besitzenden (Dreiklassenwahlrecht Preußens).
Totaler Krieg	Jeder Mensch muss mithelfen, soweit er kann (Kämpfen, Waffen herstellen, stricken etc.).
Urbanisierung	Ausdehnung der städtischen Lebens-, Wirtschafts- und Verhaltensformen.
Verfassung	Vertragsmäßige Regelung der grundlegenden Staatsordnung sowie Aufgaben, Rechte und Pflichten seiner Bürger und Organe.
Verhandlungs-frieden	Verhandlungen der Kriegsparteien über Bedingungen unter denen Friedensschluss möglich ist (nicht mit Deutschland verhandelt).
Verstädterung	Anzahl der Städte wächst und durchbricht bekannte Größen.
Volksdemokratie	Bezeichnung für das politische System der von der UdSSR abhängigen Staaten im Ostblock. Unterschied zur UdSSR war das formale Fortbestehen der Parteienvielfalt, welche jedoch faktisch nicht existierte.
Volksgemeinschaft	Nationalsozialistischer Propagandabegriff um die Einheit der „arischen Rasse" zu fördern, welche angeblich u.a. keine soziale Konflikte aufwies.
Volkssouveränität	Staatliche Herrschaft durch das Volk legitimiert. Von Rousseau formuliert.
Volkssturm	Einberufung aller Männer zwischen 16 und 60 Jahren zur Verstärkung der Reichswehr am Ende des Zweiten Weltkrieges. Kinder und Krüppel wurden bewaffnet.
Vormärz	1840 – 1848 Gekennzeichnet von konservativem Widerstand in Politik sowie Liberalismus und Nationalismus im deutschen Bürgertum.
Wirtschafts-liberalismus	Von Adam Smith geschaffen, Wirtschaft soll nicht von staatlicher sondern privater Hand kontrolliert werden. Freie Marktwirtschaft.
Zweitschlags-kapazität	Bezeichnung im Kalten Krieg. Bei Atombombenabwurf der einen Seite ist eigene Vernichtung beschlossen. Trotzdem wird man selbst Atomwaffen starten um andere Seite mit in den Tod zu reißen.

Quellenanalyse

Einleitungssatz
- Benennung und Informationen zum Autor
- Textsorte
- Fundort und Datum
- Adressatenkreis
- Möglicher Anlass

Inhaltliche Zusammenfassung und oberflächliche Analyse
- Thema benennen
- Schlussfolgerungen und Hauptthesen herausarbeiten
- Zentrale Argumente anführen

Kritische Auseinandersetzung
- Historischer Hintergrund, Sachverhalt und Probleme benennen
- Perspektive des Autors analysieren, mögliche Ideologie benennen
- Logik und Schlüssigkeit der Argumentation prüfen
- Prüfen, ob Argumentationsstruktur monokausal oder vielschichtig ist
- Vor dem Hintergrund der geschichtlichen Situation die Argumentationsstruktur mithilfe von Historikerpositionen oder Zeitzeugenberichten bestätigen, angleichen oder verneinen.

Fazit
- Zusammenfassung des Wichtigsten
- Gesamtbedeutung benennen

Ideologiekritische Quelleninterpretation

Einleitung
- Die Textsorte charakterisieren.
- Den Autor vorstellen.
  Politische Zugehörigkeit, Name, Position / Amt...
- Den Adressatenkreis benennen.
- Den situativen historischen Kontext darstellen.
  Weltpolitische Situation, Gegensätzliche Ideologien, Anlass und Ort.

Hauptteil
- Thema und Inhalt der Quelle möglichst unverfälscht in indirekter Rede wiedergeben.
  Welche „Motive", „Ziele" und „Handlungen" des eigenen Lagers und der Gegenseite werden in der Quelle dargestellt?
- Intention der Quelle in Bezug auf den Adressatenkreis wiedergeben.
- Einfluss der Ideologie / Weltanschauung des Autors auf die Quelle herausarbeiten.
- Beurteilung des Einflusses der Ideologie hinsichtlich des Handlungsspielraumes des Autors *(Hitler kann Ideologie besser umsetzen als ein Bürger)*
  UND / ODER
- Bewertung des Einflusses der Ideologie auf den Autor mit eigenem Wertekanon.

Schluss
- Ein zusammenfassendes Fazit ziehen hinsichtlich der Ausprägung der Ideologie, den Einfluss auf den Autor und eine mögliche Folge bewerten.

Analyse historischer Konflikte

Einleitung
- Benennung der
  - Konfliktparteien.
  - Dauer des Konfliktes.
  - Möglichen unterschiedlichen Bezeichnungen.
  - des Konfliktgegenstandes und Anlasses.
  - Historischen Situation *(Gesamtzusammenhang und Bedeutung)*.

Hauptteil
- Vertiefung der Konfliktparteien und Benennung der wichtigsten handelnden Personen.
- Konfliktursachen und Konfliktanlass näher erläutern.
- Konfliktverlauf herausarbeiten.
- *Einteilung in Phasen der Verschärfung, Entspannung, Eskalation etc.*
- Gegensätzliche Ideologien, Interessen und Ziele gegenüberstellen.
- Äußeren Bedingungen abklären.
- *Welche Gesetze, Traditionen, Verhaltensnormen etc. beeinflussten den Konflikt (Beschränkung oder Auslösen/Verstärken).*
- Darstellung der Konfliktparteien in der Öffentlichkeit und damit einhergehende Ziele analysieren.
- Eventuell vorhandene Kommunikation erläutern und charakterisieren (offen – starr, rational – irrational, aufmerksam – arrogant).
- Erläuterung der Konfliktlösung.
- *Wie kam es dazu?*
- *Wer ist der Gewinner?*
- *Hätten bessere / schlechtere Alternativen eintreten können?*
  - Wenn Konflikt nicht gelöst wurde: Analyse von Ansatzpunkten oder möglichen Wegen einer Konfliktlösung.
- Beurteilung des Konfliktverlaufes und Endes (ggf. des Verhalten Einzelner).
- Bewertung nach eigenen Wertevorstellungen.

Schluss
- Zusammenfassenden Abschluss mit den wichtigsten Ereignissen und Beurteilungsansätzen bilden.

Analyse normativer Texte
Gesetze, Verfassungstexte, Menschenrechtskataloge

Einleitung
- Art der Quelle (Vertrag, Gesetz) und spezifische Merkmale (Absätze, Aufbau) benennen
- Gesetzgeber oder Vertragspartner benennen (Einzelpersonen, Institutionen, Organisationen)
- Besonderheiten der Quelle erwähnen (Geheimes Dokument, Inoffiziell, Offiziell)
- Thema oder Sachverhalt kurz und präzise darlegen
- Geltungsbereich erwähnen
  Welche Bevölkerungsgruppe(n) ist(sind) davon betroffen

Hauptteil
- Engeren Kontext erläutern
  Historisch: Was geschah davor, was wird folgen?
  Politisch: Ist die Quelle Lösung eines politischen Problems oder Auslöser einer neuen Debatte?
- Intention/Absichten/Ziele des Gesetzgebers darlegen
- Besondere Aspekte benennen
  Pflichten/Rechte Einzelner, der Gesellschaft, des Staates; Gebote, Verbote, Leidtragende
- Grammatische Auslegung
  Sind Gesetze schlüssig und präzise oder besteht Spielraum durch ungenaue Begriffe und Beschreibungen?
- Systematische Auslegung
  Widersprechen sich einige Artikel oder Paragraphen der Quelle gegenseitig?
- Dogmengeschichtliche Auslegung
  Artikel oder Paragraphen der Quelle mit älteren Normen vergleichen
- Rechtstheorie und Rechtswirklichkeit prüfen
  Wie konsequent werden Gesetze nach Umsetzung eingehalten bzw. umgesetzt?
- Bewertung der Quelle
  Ist die Quelle ergänzungsbedürftig?
  Müssen Aussagen präzisiert werden?
  Gehen einige Punkte zu weit?

Schluss
- Abwägendes, differenziertes Gesamturteil formulieren
  Stärken und Schwächen sowie Benachteiligungen nennen
  Einschätzung ob realistisch und realisierbar

Redeanalyse

Einleitung
- Wer ist der Redner?
  - In welcher Funktion spricht er?
  - Welche politische Position vertritt er und welcher Partei gehört er an?
- Sind die Zuhörer politische Anhänger oder Gegner?
- Wo und wann wurde die Rede gehalten?
- Was ist das Thema der Rede?

Hauptteil
- Einordnung in den historischen Kontext
  - In welcher historischen Situation oder Zusammenhang steht die Rede?

- Einordnung in den politischen Kontext
  - Ist die Rede ein Element einer größeren politischen Debatte? Welche zentralen Thesen werden aufgestellt?

- Welche zentralen Thesen werden aufgestellt?
  - Mit welchen Argumenten wird diese These untermauert?

Redestrategien

- Aufwertung der Wir-Gruppe	- Drohung	- transparente Erklärung
- Abwertung der Gegner	- Verzerrung anderer Positionen	- Beruhigung
- Desinformation	- Anklage	- Bestätigung
- Verharmlosung	- Schuldzuweisung	- Unterstützung
- Emotionalisierung	- Überredung	- Lob
- Polarisierung durch Freund- und Feindbilder	- Suggestion	- Ermutigung
- Diffamierung	- Information	- Vermittlung
- Umdeutung	- Kritik	- Entschuldigung
- Ideologisierung	- Offenlegung der Ziele	- Gedenken
- Angstverbreitung	- rationale Begründung	- Mahnung
		- Übernahme von Verantwortung

- Welche sprachlichen Besonderheiten kommen vor?
  - Welche rhetorischen Mittel werden mit welcher Absicht dahinter eingesetzt?

- Beurteilung der Argumente und Ziele des Redners
  - Beurteilung der Absichten (Überzeugung, Überredung, Manipulation)
  - Beurteilung der historischen Funktion und Wirkung der Rede

Schluss [2]
- Zusammenfassung der wichtigsten Ergebnisse der Analyse
- Abschließendes Gesamtfazit ziehen

---

2 www.ddr-im-unterricht.de/fileadmin/ddr-im-unterricht/pdf/Zugaenge.pdf

Vergleichende Interpretation politischer Reden

Einleitung
- Textsorte „politische Rede" in den textspezifischen Merkmalen charakterisieren.
- Den Redner (Name, polit. Gesinnung, etc.) vorstellen.
- Den Adressatenkreis benennen.
- Situativen Kontext darstellen.
  Anlass, politische Gesamtsituation, Zeitpunkt und Ort der Rede.

Hauptteil
- Thema der Rede formulieren.
- Redestrategie und Gedankengang herausstellen.
- Argumentationsstruktur zusammenfassen.
- Intention des Redners gegenüber dem Adressatenkreis.
  Rhetorische Mittel und damit verfolgte Absicht
- Historisch-politischen Gesamtkontext erläutern sowie die Bedeutung beider Reden.
- Ideologien oder Beeinflussungen benennen und ggf. Blick auf die Vergangenheit und Zukunft näher darlegen.
- Beurteilung der Rede unter folgenden Aspekten:
  - Stimmen die Aussagen mit der historischen Realität überein?
  - Wie wirken die gewählten sprachlichen Mittel auf die Zeitgenossen?
- Mit Blick auf Vergangenheit und Zukunft die beiden Reden beurteilen und bewerten.

Schluss
- Zusammenfassendes Resümee formulieren und dabei auf die Gemeinsamkeiten bzw. Unterschiede in Intention und Darstellungsweise eingehen.

Fotoanalyse

Einleitung
- Fotografen vorstellen
- Thema und Gegenstand des Fotos benennen
- Anlass und Entstehungssituation (Gestellt, Schnappschuss) bestimmen
- Auftraggeber und Zielgruppe nennen

Hauptteil
- Abbildung genau uns systematisch beschreiben
- Historischen Sachverhalt und Entstehungssituation erläutern

Aufbau und Gestaltungsmittel darstellen
- Personen und Gegenstände
- Komposition (Größenverhältnisse; Vorder-, Mittel- und Hintergrund)
- Technische Mittel (Ausschnitt, Perspektive, Nähe zum Objekt, Brennweite)
- Eventuelle nachträgliche Bearbeitung

- Aussage des Fotos im historischen Kontext und unter Berücksichtigung der Gestaltungsmittel (Zusammenspiel von Form und Inhalt) deuten
Welche Wirkung soll vermittelt werden?
Passt die Intention des Fotografen mit dem Foto zusammen?
Ist dieses Foto ein Schlüsselbild für eine bestimmte Situation?

Schluss
- Zusammenfassendes Resümee mit den wichtigsten Ergebnissen der Analyse und Interpretation

Analyse von Wahlplakaten

Formale äußere Merkmale
- Auftraggeber benennen
- Thema des Bildes aufzeigen
- Mögliche Zielgruppe erwähnen
- Kurz aktuelle politische oder geschichtliche Situation benennen

Systematische und genaue Beschreibung
- Details benennen und in den Gesamtzusammenhang setzen
- Historisch-politische Situation und das Umfeld benennen
- Auf Gestaltungselemente eingehen
  - Schrift
  - Symbole
  - Bilder
  - Farbe
  - Kontraste
  - Komposition
  - Perspektive

Interpretation der Absicht
- Botschaft
- Zielgruppe
- Wirkung
- Überzeugungskraft auf die Zeitgenossen
- Trifft des den Zeitgeist?
- Ist es für damalige Verhältnisse typisch?

Fazit
- Zusammenfassung des Wichtigsten
- Gesamtbedeutung benennen

Postkartenanalyse

Einleitung
- Bildthema benennen
- Absender, Empfänger, Anlass und Zeitpunkt erwähnen, falls bekannt
- Gattungsspezifische Merkmale kurz beschreiben

Hauptteil
- Postkarte beschreiben
- Bildaufbau
  - Bild- und Textelemente
  - Bildliche Gestaltungsmittel (Schrift, Farbe, Perspektive, Symbole, Karikaturen)
- Historische Ereignisse und Zusammenhänge, auf welche die Postkarte Bezug nimmt, erläutern.
- Intention des Kartenschreibers (Zeittypische Botschaft)
- Zusammenhang von Bildelementen und Aussage beurteilen
  Sind sie wirkungsvoll und überzeugend für die Zeitgenossen?

Schluss
- Gesamtumfassendes Fazit bilden
  Gutes und Schlechtes, Wirkung und Überzeugungskraft benennen.

Karikaturanalyse

Einleitung
- Karikaturist benennen und vorstellen.
- Publikationsorgan, Entstehungszeit und Veröffentlichungsdatum herausstellen.
- Thema der Karikatur erwähnen.
- Anlass und Zielgruppe angeben.

Hauptteil
- Karikatur in funktionaler Reihenfolge beschreiben (Überschrift, Bildaufbau, Bildelemente, Textelemente)
- Geschichtliche Situation und historische Zusammenhänge erläutern.
- Bedeutung von Bildsymbolen entschlüsseln.
- Botschaft der Karikatur sowie Absichten und Ziele des Karikaturisten herausarbeiten.
- Wirkung der Karikatur auf Zeitgenossen und auf heutigen Betrachter.
  Wirkungsvoll und überzeugend auf Zeitgenossen?
  Typische Aussagen der damaligen Zeit?
- Sachliche Angemessenheit der Aussage prüfen.
  Wird Thema angemessen sachlich kommentiert oder sachwidrig verzerrt wiedergegeben?
  Trifft die Karikatur die historische Realität?
- *Welchen Aussagen ist aus heutiger Sicht zuzustimmen, sind abzulehnen oder zu verbessern?*

Schluss
- Zusammenfassende Schlussfolgerungen der Aussage, Wirkung und Stimmigkeit treffen.